LOS PRIMEROS HABITANTES DE NORTEAMÉRICA

Janey Levy
Traducido por Ana María García

Gareth Stevens
PUBLISHING

Please visit our website, www.garethstevens.com. For a free color catalog of all our high-quality books, call toll free 1-800-542-2595 or fax 1-877-542-2596.

Cataloging-in-Publication Data

Names: Levy, Janey.
Title: Los primeros habitantes de Norteamérica / Janey Levy, translated by Ana María García
Description: New York : Gareth Stevens Publishing, [2017] | Series: La historia oculta | Includes index.
Identifiers: ISBN 9781482462210 (pbk.) | ISBN 9781482462227 (library bound) | ISBN 9781482461503 (6 pack)
Subjects: LCSH: Indians–Origin–Juvenile literature. | Paleo-Indians–Juvenile literature. | North America–Antiquities–Juvenile literature.
Classification: LCC E61 .L66 2017 | DDC 970.01–dc23

First Edition

Published in 2017 by
Gareth Stevens Publishing
111 East 14th Street, Suite 349
New York, NY 10003

Copyright © 2017 Gareth Stevens Publishing

Translator: Ana María García
Editorial Director, Spanish: Nathalie Beullens-Maoui
Editor, Spanish: Cristina Brusca
Editor, English: Therese Shea
Designer: Katelyn E. Reynolds

Photo credits: Cover, pp. 1, 10 Studio - Chase/Science Source/Getty Images; cover, pp. 1–32 (tear element) Shahril KHMD/Shutterstock.com; cover, pp. 1–32 (background texture) cornflower/Shutterstock.com; cover, pp. 1–32 (background colored texture) K.NarlochLiberra/Shutterstock.com; cover, pp. 1–32 (photo texture) DarkBird/Shutterstock.com; cover, pp. 1–32 (notebook paper) Tolga TEZCAN/Shutterstock.com; p. 5 Mark Hallett Paleoart/Science Source/Getty Images; p. 7 TOM MCHUGH/Science Source/Getty Images; p. 9 Nativestock.com/Marilyn Angel Wynn/Getty Images; p. 13 Martha Cooper/National Geographic/Getty Images; p. 15 TUBS/Wikipedia.org; p. 17 Gregory Johnston/Shutterstock.com; p. 19 Clair Hunt/Buyenlarge/Getty Images; p. 21 Nzeemin/Wikipedia.org; p. 23 John Hyde/Design Pics/Perspectives/Getty Images; p. 25 World Imaging/Wikipedia.org; p. 27 JENSASTRUP/AFP/Getty Images; p. 28 JEFF PACHOUD/AFP/Getty Images.

Printed in the United States of America

CPSIA compliance information: Batch #CW17GS: For further information contact Gareth Stevens, New York, New York at 1-800-542-2595.

CONTENIDO

Las palabras del glosario se muestran en
negrita la primera vez que aparecen en el texto.

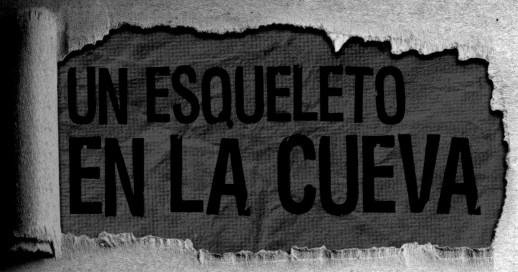

UN ESQUELETO EN LA CUEVA

En 2007, un grupo de buzos que exploraban una cueva submarina en México descubrieron algo extraordinario. En lo más profundo de la cueva, el esqueleto de una adolescente descansaba rodeado de restos de animales de la época del último **período glacial**.

Se comprobó que tenía una edad entre 12,000 y 13,000 años, y era el esqueleto humano más completo y más antiguo descubierto en el continente americano. Contenía ADN que permitió resolver un antiguo misterio: ¿por qué los cráneos de los primeros americanos no se parecían a los de los nativos americanos contemporáneos? ¿Emigraron ambos grupos desde lugares distintos o en épocas diferentes? De hecho, el ADN demostró que los antiguos americanos fueron los antepasados de los nativos americanos de hoy día. Las diferencias no eran el resultado de distintas emigraciones, sino simples cambios a lo largo del tiempo.

El hallazgo casual del esqueleto ayudó a resolver uno de los misterios relacionados con los primeros habitantes de Norteamérica. Pero el resto del rompecabezas está lejos de completarse, porque gran parte de la historia permanece oculta.

AL DESCUBIERTO

Los buzos que descubrieron el esqueleto de la niña adolescente la llamaron *Naia*, nombre proveniente de una antigua palabra griega utilizada para las diosas del agua.

EL FINAL DE NAIA

Seguramente Naia estaba buscando agua. El sistema de cuevas Sac Actun, en la Península de Yucatán en México, no estaba bajo las aguas cuando Naia vivía. De hecho, era una zona muy seca, sin lagos ni ríos. Naia y los animales cuyos restos fueron hallados probablemente entraron a la cueva en busca de agua y, en la oscuridad, encontraron la muerte cuando cayeron en la cámara profunda que los buceadores encontraron y denominaron Hoyo Negro.

Entre los animales cuyos restos fueron encontrados junto a Naia se incluían criaturas extinguidas, tales como tigres diente de sable, perezosos terrestres gigantes y osos cavernarios.

¿QUIÉNES FUERON LOS PRIMEROS AMERICANOS?

Dentro de la grandes preguntas de la **antropología** están: ¿Quiénes fueron los primeros americanos? ¿Cuándo, cómo y desde dónde llegaron y se extendieron a lo largo del continente? ¿Y cuál es su conexión con los nativos americanos contemporáneos? Tanto antropólogos como arqueólogos han desarrollado diferentes teorías para poder contestar a estas preguntas basándose en las evidencias de sus descubrimientos. Estas pruebas son escasas. Los primeros americanos no tenían sistema de escritura, por lo tanto no dejaron documentos escritos. No erigieron grandes edificaciones ni monumentos. Entonces, ¿dónde están las pruebas?

Los arqueólogos estudian las herramientas y armas de piedra, así como los huesos de animales. Los antropólogos excavan y examinan restos humanos. Los científicos expertos en genética estudian el ADN cuando puede obtenerse de restos humanos. Juntos toman en consideración el lugar en donde se encontró la evidencia. Utilizan métodos científicos para ponerle fecha. A partir de estas limitadas pruebas, tratan de descubrir la historia oculta de los primeros pueblos de Norteamérica.

AL DESCUBIERTO

Los expertos en genética pueden también conseguir ADN de los coprolitos, que son ¡restos de heces fosilizadas!

DESDE ÁFRICA

Los humanos contemporáneos —*Homo sapiens*— se desarrollaron primero en África. Todos los restos de esqueletos humanos de América son *Homo sapiens*. No se han encontrado especies humanas más antiguas. Por lo tanto el poblamiento de América forma claramente parte de la expansión de los humanos contemporáneos fuera de África. Se extendieron desde allí a Europa y Asia hace cerca de 50,000 años. Alcanzaron lo que hoy es Europa hace aproximadamente 45,000 años. Llegaron a las zonas que hoy son Asia Central y Siberia hace cerca de 40,000 años.

Se puede pensar que hay muchas pruebas, pero son solo trocitos enterrados enterrados en el suelo en diversos lugares de Norteamérica. Poder dar una explicación ordenada y con significado a partir de estas evidencias es todo un desafío.

LA CULTURA CLOVIS

En 1932, un grupo de obreros que trabajaban cerca de Clovis, Nuevo México, descubrió una pila de grandes huesos antiguos. Los huesos pertenecían a los extintos **mamuts**. Mezclado con los restos se encontraron puntas de lanza del tamaño de un dedo. Casi por accidente, estos trabajadores habían hallado pruebas de lo que una vez se pensó fue la primera **cultura** de Norteamérica, conocida como cultura Clovis, por el nombre del lugar. Esta cultura apareció hace más de 13,000 años.

Las puntas de lanza, conocidas como puntas Clovis, son los **artefactos** distintivos de esta cultura. Están hechos de piedra fina que se quiebra fácilmente y la punta tiene por lo general bordes muy afilados. Unos surcos recorren desde la base hasta la punta y seguramente ayudaban a sujetar la punta al mango de la lanza. Además de las puntas Clovis, también hacían rasquetas de piedra y herramientas de marfil, asta y hueso.

AL DESCUBIERTO

Las puntas Clovis solo se han encontrado en Norteamérica. ¡Puede que sean el primer invento americano!

LA TALLA DE LA PIEDRA

¿Cómo transformas una piedra en un arma o en una herramienta? Se hace a través de la talla. La acción requiere la habilidad de controlar cómo rompe la piedra o roca cuando se golpea. Las mejores rocas para trabajar son el sílex, el chert, el jaspe y la obsidiana. Golpearlas con otra roca o un trozo de cuerno o hueso hace que se desprenda un pedazo de roca llamado escama. Las escamas pueden ser usadas como simples herramientas o se pueden trabajar más sobre ellas para fabricar cuchillos y rasquetas. La roca principal o una escama grande pueden convertirse en una punta de lanza.

punta Clovis

Clovis

Las puntas Clovis estaban hechas de piedras o rocas, tales como jaspe, chert y obsidiana. Fabricarlas requería tiempo y destreza.

AL DESCUBIERTO

Hoy en día hay quien piensa que la cultura Clovis cazaba mamuts y mastodontes con tanta frecuencia que probablemente fue una de las causas de su extinción.

Nadie sabe con seguridad qué causó la desaparición de la cultura Clovis. En cierta ocasión se pensó que un cometa chocó contra la Tierra provocando un cambio climático que aniquiló a los animales de la **era glacial** y a la cultura Clovis. Sin embargo, se ha demostrado que esto no es cierto.

Además de sus armas y herramientas,
¿qué más debemos saber de la cultura Clovis?
Se extendió a lo largo de casi toda Norteamérica.
Cerca de 1,500 asentamientos han sido localizados.
A partir de los huesos de animales encontrados en estos
lugares, sabemos que cazaban mamuts, mastodontes,
bisontes, ciervos, liebres, reptiles y anfibios. También
recogían plantas y seguramente pescaban.

Más allá de esto, sabemos poco acerca de ellos.
No sabemos qué aspecto tenían, cómo se vestían o
si construyeron viviendas. No sabemos cómo era
su sociedad. ¿Vivían en grupos familiares? ¿Tenían
jefes o líderes? ¿Disponían de individuos cuya función
era luchar? ¿Profesaban alguna creencia y tenían
sacerdotes? Esta parte de la historia permanece oculta.

¿FUERON LOS CLOVIS LOS PRIMEROS?

Durante mucho tiempo se creyó que la gente de la cultura Clovis fue
la primera en ocupar América. Se pensó que esta cultura apareció hace
cerca de 13,600 años. Sin embargo, recientes estudios, a partir de las
pruebas obtenidas con métodos científicos avanzados, han dado cambio
a las fechas. Estos estudios muestran que la primera cultura apareció entre
13,200 y 13,100 años atrás y desapareció hace 12,900 años. Entretanto,
han surgido otras evidencias, las cuales sugieren que con anterioridad
hubo humanos en América. El siguiente capítulo contiene más información
sobre este tema.

LAS CUEVAS DE PAISLEY EN OREGÓN

En 2007, el mismo año en el que los buzos encontraron el esqueleto de Naia, los arqueólogos que trabajaban en las cuevas de Paisley en Oregón descubrieron coprolitos humanos. Los desechos humanos fosilizados pueden parecer menos atrayentes e importantes que un esqueleto, pero los científicos que trabajan con los arqueólogos pudieron obtener ADN de los coprolitos. Y lo que hallaron cambió la forma de pensar sobre los primeros habitantes de Norteamérica.

El ADN mostró que algunos coprolitos tenían 14,400 años. Esto significa que había gente que vivía en las cuevas y sus alrededores 1,000 años antes de que la cultura Clovis apareciera. El ADN también mostró que, como Naia, esta gente estaba relacionada con los nativos americanos contemporáneos. Con los descubrimientos de las cuevas de Paisley, ya no se podía reclamar que la cultura Clovis fuera la primera en habitar Norteamérica.

AL DESCUBIERTO

Los arqueólogos encontraron cerca de 200 coprolitos en las cuevas de Paisley.

MÁS SOBRE LAS CUEVAS DE PAISLEY

La gente que una vez vivió en las cuevas de Paisley dejó más que coprolitos. Los arqueólogos también encontraron trozos de cuerda, lona y cestas, artilugios de madera y puntas de **proyectil**, que diferían de las puntas Clovis. Eran más estrechas y sin surcos. Además, los arqueólogos descubrieron **fogones** y huesos de animales tales como aves acuáticas, peces, bisontes, caballos y mastodontes. Incluso hallaron huesos de camellos, los cuales una vez deambularon por el oeste de Norteamérica.

Para la mayoría de las personas, esto parece un pedazo de barro seco, pero un arqueólogo reconoce que es un coprolito que puede revelar información importante sobre el pasado.

¿EXISTIERON OTROS PUEBLOS ANTERIORES A LOS CLOVIS?

Además de los hallazgos de las cuevas de Paisley en Oregón, los descubrimientos en otros sitios han sido identificados como evidencias de la existencia de habitantes en Norteamérica anteriores a la cultura Clovis. Algunos arqueólogos y antropólogos creen haber encontrado pruebas en Wisconsin, Pensilvania y Florida que datan entre 14,000 y 16,000 años atrás, y en Kansas y Virginia alrededor de 20,000 años atrás. Incluso en el sur de Carolina, ¡de hace 50,000 años!

Sin embargo, no todo el mundo está convencido de que las pruebas de estas localizaciones sean fiables. No suele ser fácil determinar qué es lo que proviene realmente de la intervención del hombre. Es posible que procesos naturales produzcan fragmentos de roca que parezcan trozos rotos de herramientas humanas y armas. Los depredadores pueden dejar marcas en huesos de animales y, sin embargo, parecer que han sido sacrificados por el hombre. Por ello, estos lugares siguen siendo objeto de desacuerdos y discusiones.

AL DESCUBIERTO

La erosión y la actividad de los animales pueden mover los artefactos, por lo que es imposible determinar de cuándo datan a partir de la profundidad de su enterramiento.

MONTE VERDE, CHILE

Otro lugar donde los arqueólogos dicen haber encontrado pruebas humanas anteriores a la cultura Clovis es Monte Verde, en Suramérica. Se encuentra al sur de la costa de Chile. Allí los arqueólogos han hallado herramientas de piedra, huesos de animales y fogatas que datan de más de 14,500 y, posiblemente, ¡de más de 19,000 años! Al igual que sucede en los sitios anteriores a los Clovis en Norteamérica, no todo el mundo está convencido ni de la evidencia ni de la antigüedad del sitio.

¿ASENTAMIENTOS ANTERIORES A LA CULTURA CLOVIS?

CUEVAS DE PAISLEY, OREGÓN

YACIMIENTOS DE SHAEFER Y HEBIOR, WISCONSIN

MEADOWCROFT ROCKSHELTER, PENSILVANIA

SITIO ARQUEOLÓGICO LOVEWELL, KANSAS

YACIMIENTO CACTUS HILL, VIRGINIA

SITIO ARQUEOLÓGICO TOPPER, CAROLINA DEL SUR

SITIO ARQUEOLÓGICO PAGE-LADSON, FLORIDA

Este mapa muestra varios lugares en los que algunos arqueólogos creen haber encontrado pruebas de la existencia de gente en Norteamérica antes de la llegada de la cultura Clovis.

EL HOMBRE DE KENNEWICK

En 1996, dos estudiantes universitarios caminaban a lo largo del río Columbia en Kennewick, Washington, cuando encontraron un cráneo humano. Llamaron a la policía, algo que resultó innecesario. El cráneo y el resto del esqueleto que se encontró, pertenecían a un hombre que había muerto cerca de 9,000 años atrás.

Los huesos proporcionan valiosa información a aquellos que saben cómo interpretarlos, por lo que los científicos aprendieron más sobre el hombre de Kennewick. Medía aproximadamente 5 pies y 7 pulgadas (1.7 metros), mostraba músculos desarrollados y pesaba sobre 160 libras (73 kilos). Era diestro. Tenía cerca de 40 años cuando murió. Presentaba algunas costillas rotas, que nunca se curaron bien, además de otras heridas, entre las que se incluía una punta de lanza de piedra en el hueso de su cadera. Los **análisis** químicos de sus huesos revelaron que comía mucho pescado.

AL DESCUBIERTO

Los dientes del hombre de Kennewick estaban desgastados hasta la raíz, pero no tenían caries. Esto es porque, como toda la gente de su época, seguía una dieta baja en azúcares productores de caries.

ANALIZANDO LOS HUESOS

Los huesos revelan qué músculos una persona utiliza más, porque los músculos dejan una marca donde se unen con los huesos. Cuanto más se utiliza un músculo, más profunda es la marca. El brazo derecho del hombre de Kennewick y su hombro parecían los de un lanzador de béisbol, lo que sugería no solo que era diestro, sino que también hacía movimientos de lanzamiento. Las articulaciones de sus rodillas mostraban que a menudo se sentaba en cuclillas sobre sus talones. Los huesos de sus piernas sugieren que habitualmente caminaba por aguas rápidas y poco profundas.

Esta es una vista del río Columbia en Kennewick, Washington, donde se encontró el esqueleto de 9,000 años de edad, que se conoce como el hombre de Kennewick.

Los huesos del hombre de Kennewick también facilitaron pistas sobre la sociedad en la que vivía. A partir del crecimiento del hueso de su cadera, donde sufrió la herida de lanza, los antropólogos saben que esta lesión ocurrió cuando era un adolescente. Creen que sobrevivió gracias a que vivió entre gente que cuidó de él. Esa misma gente lo enterró cuando murió. Los antropólogos saben que fue enterrado porque sus huesos no muestran signos ni de mordiscos ni de haber sido **escarbados** por otros animales.

Los primeros intentos de conseguir ADN de los huesos del hombre de Kennewick fallaron. Entonces, los antropólogos utilizaron la forma de su cráneo y de sus huesos para tratar de identificar a sus parientes vivos más cercanos, que determinaron provenían de la **Polinesia** y del pueblo Ainu de Japón. Sin embargo, después de que finalmente se obtuviera ADN, los científicos descubrieron que el hombre de Kennewick—como Naia y la gente de las cuevas Paisley—estaba relacionado con los nativos americanos contemporáneos.

LA DISPUTA SOBRE EL HOMBRE DE KENNEWICK

El Cuerpo de Ingenieros del ejército de Estados Unidos supervisa la tierra donde fue encontrado el hombre de Kennewick. Cuando descubrieron que el esqueleto tenía 9,000 años, el cuerpo de ingenieros dio por terminado el estudio científico y dispuso que se le entregara a los nativos de la región para que procedieran a darle sepultura como uno de sus antepasados. En ese momento, los tribunales dictaminaron que el esqueleto no estaba relacionado con ninguno de los nativos contemporáneos y que los científicos podían continuar su estudio. Sin embargo, tras los recientes hallazgos en el ADN, el hombre de Kennewick será entregado a los nativos americanos.

El ADN más cercano que coincide con el del hombre de Kennewick procede de los nativos de la costa noroeste, particularmente del pueblo colville. Vivieron durante mucho tiempo a lo largo del río Columbia, donde fue descubierto el hombre de Kennewick.

Foto de una madre con su hijo tomada en la reserva indígena de Colville en 1911. La mujer nos da una posible idea de lo que el hombre de Kennewick pudo haber parecido.

EL PUENTE DE BERING

¿Cómo llegaron los primeros grupos de gente a Norteamérica y de dónde venían? La teoría dominante dice que cruzaron el puente de Bering, que conectaba lo que hoy es Siberia en el norte de Asia, con la actual Alaska. Hoy, los mares de Bering y Chukchi cubren la tierra del puente, pero hace miles de años la zona era de tierra seca. Una era de hielo había bajado los niveles del océano, congelando la mayor parte del agua de la tierra en forma de enormes capas de hielo.

Hace 30,000 años, humanos contemporáneos alcanzaron la parte noreste de Siberia. Las pruebas de ADN muestran que estos primeros pobladores, y no otros que llegaron a la región más tarde, eran los antepasados de los nativos americanos. Construyeron asentamientos como el descubierto en el río Yana. Desde allí, no quedaba lejos el puente de tierra. Pero, entonces, algo pasó.

AL DESCUBIERTO

El primero que propuso la teoría del puente de Bering fue el sacerdote español José de Acosta, en 1590.

EL YACIMIENTO DE YANA RHS DE SIBERIA

El yacimiento arqueológico más antiguo del noreste de Siberia recibe el nombre de Yana RHS. Con cerca de 30,000 años, es dos veces más antiguo que otros yacimientos conocidos en la región. Está situado en el río Yana, en la gélida región Ártica de Siberia. Los arqueólogos han encontrado herramientas de piedra, equipo de caza y utensilios para coser, hechos de hueso y marfil, y restos de animales, como renos, bisontes y caballos. También hallaron artefactos decorados y objetos que, al parecer, se llevaban como adornos personales.

Hoy en día, las aguas del estrecho de Bering separan Siberia y Alaska. En su punto más estrecho mide aproximadamente 53 millas (85 km) de ancho.

Hace cerca de 25,000 años, la Tierra se enfrió y capas de hielo se extendieron más hacia el sur, lo cual ocasionó que los antepasados de los nativos americanos tuvieran que trasladarse más allá del noreste de Siberia. Pero aún no habían alcanzado Norteamérica. Tardarían unos 10,000 años más en llegar. ¿Dónde estuvieron?

Una de las **hipótesis** dice que vivieron en el área del puente de Bering. Se basa en el hecho de que hay mutaciones o cambios en el ADN de casi todos los nativos americanos que no aparecen en los restos existentes de sus ancestros siberianos. Eso significa que tuvo que haber una población de antepasados aislada del resto durante miles de años entre los que estas mutaciones pudieron producirse. Tenía que ser un lugar con animales para cazar y madera para el fuego y que estuviera próximo a Norteamérica. El puente de Bering era ese lugar.

EL HÁBITAT DEL PUENTE DE BERING

Los científicos han estudiado cómo era el puente de Bering durante el posible asentamiento de los antepasados de los nativos americanos. Su paisaje estaba dominado por la **tundra**, con predominio de pequeños arbustos como sauces y abedules. Los abetos podrían haber crecido en algunos espacios protegidos. No era el lugar apropiado donde encontrar lanudos mamuts o bisontes, pero hubiera podido acoger animales como alces, carneros de roca y pequeños mamíferos.

¿ANTEPASADOS AUSTRALIANOS?

Un grupo de investigadores publicó un estudio en 2015 que examinó el ADN de poblaciones indígenas de Suramérica y Centroamérica. ¡Descubrieron que los indígenas de la región del Amazonas de Brasil tenían antepasados de Australasia, el nombre con el que se conocía Australia y las islas vecinas! ¿Cómo pudo ocurrir? Nadie lo sabe con seguridad. Podría ser que hubiera una población australasiana en el noreste de Asia que se mezcló con poblaciones asiáticas antes de emigrar a Norteamérica.

El Dr. Eske Willerslev, de la Universidad de Copenhague en Dinamarca, es el experto que estudió el genoma del antepasado siberiano, así como el del niño de la cultura Clovis. Es un experto en el estudio del ADN de nuestros antepasados.

AL DESCUBIERTO

Incluso los expertos discrepan acerca de las evidencias, como muestran los estudios contradictorios. Esto es debido a que las evidencias deben ser siempre interpretadas.

Los antropólogos, arqueólogos y expertos en ADN estudiarán estos huesos e interpretarán los datos de la mejor manera posible. Pero es posible que futuros descubrimientos puedan cambiar su forma de interpretar los datos. Futuros avances científicos pueden dar a los investigadores nuevas herramientas para recopilar mejor evidencia, provocando que cambien sus interpretaciones.

En 2015, un par de estudios de ADN contradictorios se centraron en la hipótesis de que los antepasados de los nativos americanos vivieron en el puente de Bering durante 10,000 años. Uno de los estudios desafió la hipótesis alegando que las evidencias mostradas no eran posibles. Quizá la gente vivió en el puente durante un período corto, pero una permanencia de 10,000 años era imposible. El otro estudio alegaba que sus hallazgos respaldaban la hipótesis.

Después de todo esto, es evidente lo difícil que es descubrir la historia de los primeros pobladores de Norteamérica. Hay pocas evidencias a seguir—fragmentos de herramientas y otros artefactos y, con suerte, huesos. Las pruebas están verdaderamente ocultas, dispersas y enterradas por todo el país. ¡Quizás algún día tú seas quien encuentre la prueba que finalmente conteste todas estas incógnitas!

¿OTROS ASENTAMIENTOS ANTERIORES A LOS CLOVIS?

Otro estudio de 2015 presenta lo que probablemente sea otro asentamiento pre-Clovis cerca del cruce de un río en Canadá. Tiene al menos 13,300 años y contiene artefactos de piedra, así como huesos de camello y de caballo. Los arqueólogos creen que antiguos cazadores hicieron una matanza de siete caballos y un camello en el lugar. La fecha es anterior a la cultura Clovis. Sin embargo, los artefactos de piedra no proporcionan suficiente información como para identificar a los posibles pobladores.

GLOSARIO

análisis: acto o proceso por el que se determinan los ingredientes que forman una sustancia.

antropología: estudio de la gente y de sus antepasados a lo largo del tiempo, teniendo en cuenta su físico, relaciones sociales y cultura.

artefacto: algo hecho por humanos en el pasado.

fogón: suelo reforzado en el que la gente hacía fuego.

contradictorio: que supone o contiene información que discrepa de otra información.

cultura: creencias y formas de vida de un grupo de personas.

era glacial (o era de hielo): período durante el cual se produjo una caída de la temperatura en todo el mundo y grandes superficies se cubrieron de glaciares.

escarbar: remover en la materia abandonada.

hipótesis: posible explicación de hechos conocidos que deben ser comparados con hechos descubiertos en el futuro para ser probados.

mamut: tipo de elefante que se extinguió, de enorme tamaño, con largos colmillos curvados hacia arriba y largo pelaje.

Polinesia: las islas del Océano Pacífico central y del sur.

período (o época) glacial: era durante el cual se produjo una caída de la temperatura en todo el mundo y grandes superficies se cubrieron de glaciares.

proyectil: algo capaz de ser lanzado hacia delante.

tundra: tierras frías del norte que carecen de bosques y cuyo suelo estaba permanentemente congelado bajo la superficie.

PARA MÁS INFORMACIÓN

LIBROS

Harrison, David L. *Mammoth Bones and Broken Stones: The Mystery of North America's First People*. Honesdale, PA: Boyds Mills Press, 2010.

Mahaney, Ian. *Life Among the Paleoindians*. New York, NY: PowerKids Press, 2016.

Walker, Sally M., and Douglas W. Owsley. *Their Skeletons Speak: Kennewick Man and the Paleoamerican World*. Minneapolis, MN: Carolrhoda Books, 2012.

SITIOS DE INTERNET

Locked Away for Years, Skeleton's Secrets Rewrite Prehistory of North America
news.nationalgeographic.com/news/2014/12/141207-kennewick-man-bones-archaeology-ancient-ngbooktalk/
Lee lo que el esqueleto del hombre de Kennewick revela y qué aspecto hubiera podido tener en vida.

Naia: 12,500-Year-Old Skeleton Sheds Light on First Americans
www.sci-news.com/othersciences/anthropology/science-naia-skeleton-first-americans-01925.html
Averigua más sobre este increíble descubrimiento del esqueleto de la era de hielo encontrado en una cueva.

The (Pre)History of Clovis—Early Hunting Groups of the Americas
archaeology.about.com/od/clovispreclovis/qt/clovis_people.htm
Aprende más sobre la cultura Clovis y las posibles razones de su final.

ÍNDICE